INVENTAIRE
Ye 15163

ES

AMOURS.

1825

Guidé par l'aimable phalange
De ses complices, les Désirs,
Amour s'en allait en vendange
Il veut toujours nouveaux plaisirs.

LES AMOURS.

HOMMAGE

AUX DAMES,

Pour la présente année.

A PAPHOS,
Au temple de l'Amour.

Cet Almanach, ainsi qu'un grand nombre d'autres, fins et communs,

SE TROUVE :

A Paris, chez L. Janet, Libraire, rue St.-Jacques, N.º 59.

A Lille, chez Vanackere fils, Imprimeur-Libraire, place du Théâtre, N.º 10.

Et chez les principaux Libraires du Royaume.

EST-CE AINSI QU'ON OUBLIE?

Andante Moderato.

MA mè-re pré-tend que l'ab-sen-ce tri-omphe d'une tendre ar-deur; et moi je crois à la cons-

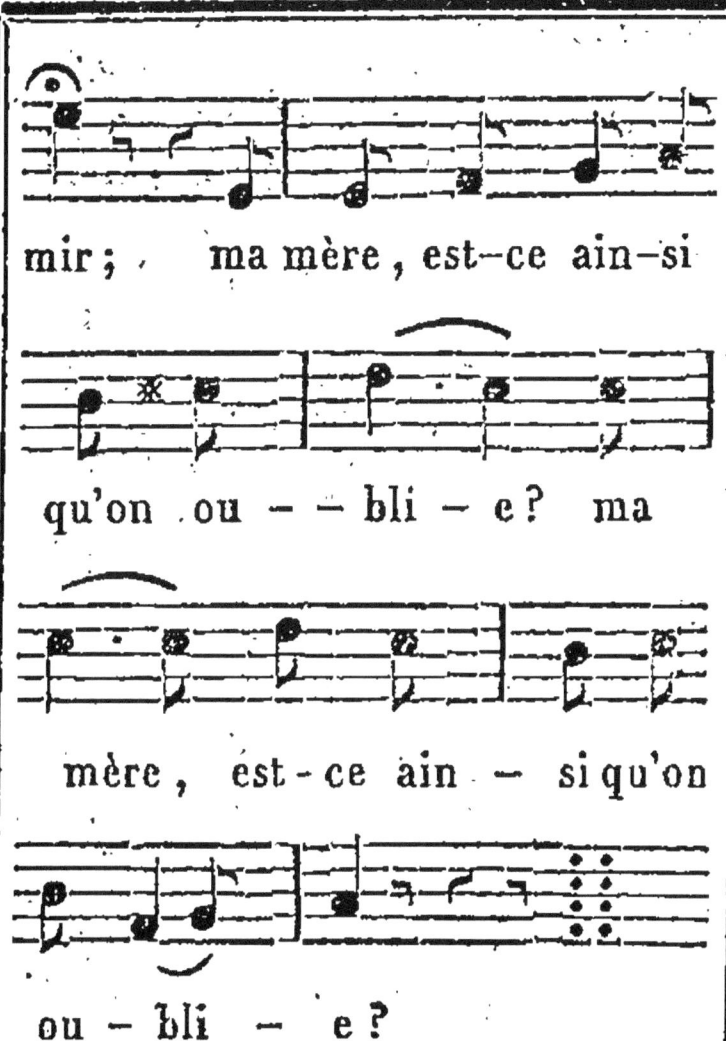

Sa voix mélodieuse et tendre
Vibre encor dans mon souvenir;
Je crois le voir, je crois l'entendre,
Et mon âme est toute au plaisir;
Cette romance si chérie

Qu'il chantait encore en partant,
Je la répète à chaque instant :
Ma mère, est-ce ainsi qu'on oublie?

Je demande au zéphir volage
De m'apporter ses doux accens ;
A l'écho de notre rivage
De redire ses doux sermens ;
Rêvant à lui dans la prairie,
Je vois s'éteindre le soleil ;
J'y pense encor dans mon sommeil:
Ma mère, est-ce ainsi qu'on oublie?

Il reviendra... cette espérance
De plaisir fait battre mon cœur ;
Elle soutient mon existence
En m'offrant encor le bonheur.
Ah ! que ne puis-je de ma vie
Retrancher les momens d'ennui
Que je passe, hélas ! loin de lui !
Ma mère, est-ce ainsi qu'on oublie.

CE QUI NOUS RESTE A SAVOIR.

Air à faire.

Nos savans, que l'orgueil énivre,
Se disent, d'un air ingénu,
On pourrait faire un bien gros livre
De tout ce qui nous est connu.
Disent-ils vrai ? moi je l'ignore ;
Mais cependant, j'aurai l'espoir
De faire un plus gros livre encore,
De ce qui leur reste à savoir.

Nous savons que la terre est ronde,
Quoiqu'on n'en ait pas fait le tour,
Et quand la nuit couvre le monde,
Nous savons qu'il ne fait pas jour
Nous savons aussi, que l'aurore,
De grand matin se laisse voir ;
Que ne savons-nous pas encore ?
C'est ce qui nous reste à savoir.

Lorsque nous entrons dans la vie,
Nous savons qu'il faut en sortir ;

Un docteur, malgré notre envie,
Souvent nous presse de partir,
Quand nous partons on nous ho-
   nore,
Et chacun nous dit au revoir.
Mais nous reverrons-nous encore ?
C'est ce qui nous reste à savoir.

Trop souvent la peur nous tour-
   mente,
Trop souvent l'espoir nous séduit,
Quand un bon repas se présente,
Profitons du jour qui s'enfuit ;
Soyons à table dès l'aurore,
Et demeurons-y jusqu'au soir.....
Demain dînerons-nous encore ?
C'est ce qui nous reste à savoir.

On ne saurait dîner sans boire ;
Fesons donc apporter du vin,
Avant de passer l'onde noire,
Buvons gaîment ce jus divin ;
Calmons la soif qui nous dévore,
Hélas ! dans le sombre manoir,
Trouverons-nous à boire encore ?
C'est ce qui nous reste à savoir.

MA NACELLE.

CHANSON.

Sur une onde tranquille
Voguant soir et matin,
Ma Nacelle est docile
Au souffle du Destin.
La voile s'enfle-t-elle,
J'abandonne le bord ;
Eh ! vogue ma nacelle
O doux zéphir, sois-moi fidèle
Nous trouverons un port.

J'ai pris pour passagère
La Muse des chansons ;
Et ma course légère
S'égaie à ses doux sons.
La folâtre pucelle
Chante sur chaque bord :
Eh ! vogue ma nacelle ! etc.

Des rives bien connues
M'appellent à leur tour ;
Les Grâces, demi-nues,
Y célèbrent l'amour.

Dieux! j'entends la plus belle
Soupirer sur le bord.
Eh! vogue ma nacelle! etc.

Mais loin du roc perfide
Qui produit le laurier,
Quel astre heureux me guide
Vers un humble foyer?
L'amitié renouvelle
Ma fête sur ce bord.
Eh! vogue ma nacelle!
O doux zéphir, sois moi fidèle!
Nous trouverons un port.

LE DÉPIT.

CHANSON.

Air : *Avec vous sous le même toit.*

En vain, par de nouveaux ser-
　mens
Vous espérez fléchir mon âme ;
Vous êtes de tous mes amans
Celui dont je plains moins la
　flamme.

Mourez, si voulez, d'amour,
Je n'en serai pas attendrie :
Qui méconnut mes lois un jour,
Ne m'en donnera de sa vie.

Je me souviens qu'un certain soir,
Pour vous plus tendre que sévère,
Je vous laissai le doux espoir
Que vous pourriez un jour me plaire.
Ce soir-là, ne sais trop comment,
Je vous aimais à la folie ;
Puisse-ce bonheur d'un moment
Vous coûter la paix de la vie !

De feux votre cœur consumé
Deux ans ses soupirs fit entendre,
Un jour, vous vous crûtes aimé,
Le lendemain vous vit moins tendre.
A l'orgueil j'ai dû votre amour,
Et du mien l'orgueil m'a guérie :
Je vous pleurai pendant un jour,
Pleurez-moi toute votre vie.

Nommez-moi, dans votre couroux,
Parjure, coquette, légère ;
Rien ne peut m'offenser de vous,
Et de vous rien ne peut me plaire.

Je n'eus qu'un seul tort en amour,
En rougissant je le publie,
C'est d'avoir cru, tout un grand jour,
Que je vous aimais pour la vie.

QUE FAUT-IL DONC CHANTER?

CHANSONNETTE.

Air du vaudeville de Fanchon.

Vous que Momus inspire,
Dans votre heureux délire
Vous imaginez des
  Sujets ;
Mais moi, rimeur débile,
Je ne trouve rien à traiter :
 Ma muse est trop stérile :
 Que faut-il donc chanter ?

Dois-je vous faire entendre,
Sur un air lent et tendre,
 Des vers à Doris,
  A Chloris ?

Non, je vous vois, d'avance,
Dormir au lieu de m'écouter !
　Adieu, triste romance !
　Que faut-il donc chanter ?

　Je puis chanter la gloire,
　Pour rime j'ai victoire,
　Lauriers, guerriers, français,
　　　Succès ;
Mais je crains la bataille,
On m'a toujours vu l'éviter;
　J'ai trop peur qu'on me raille :
　Que faut-il donc chanter ?

　Contre un sexe volage
　Souvent par badinage
　On lance un trait malin
　　　Et fin ;
　Mais, en ami des dames,
Titre que je veux mériter,
　Je fuis les épigrammes,
　Que faut-il donc chanter ?

　Si j'allais, par mégarde,
　Faire chanson gaillarde,
　　Ah ! que j'en aurais
　　　De regrets !

Des mœurs, de la décence
Si parfois j'ai pu m'écarter,
J'abjure la licence :
Que faut-il donc chanter ?

Des joyeuses vendanges
Pour chanter les louanges
Il faut le feu divin
   du vin ;
Il faut à tasse pleine
De vieux bourgogne s'humecter ;
Mais je bois du surène....
Que faut-il donc chanter ?

C'est en vain que j'excite
Ma verve parasite,
Je ne puis faire rien
   De bien.
Ainsi je me retire ;
Et, comme on m'a vu débuter,
Je finis par vous dire :
Que faut-il donc chanter ?

UN PEU DE TOUT.
CHANSON.

Air : *Parlez-moi de ça.*

Du frais muguet
Au sombre œillet,
Du thym à la rose fleurie
L'abeille va suivant son goût,
Imitons sa douce manie.
Moi je prends, pour charmer ma vie,
Un peu de tout.

Qu'ont fait ces grands,
Bas et rampans,
Criblés d'honneurs, comblés de grâces,
Sous tous les rois toujours debout,
Marchands d'encens et de grimaces
Ils ont fait pour garder leurs places
Un peu de tout.

Que tes attraits
Ne soient jamais
Privés d'un voile salutaire,

Jeté par l'adresse et le goût ;
Fillette qui cherche à nous plaire,
Ne nous montre qu'avec mystère
    Un peu de tout.

    Toi dont les lois
    Font peur aux rois
Des enfers, vieille locataire,
Mon fuseau n'est pas à son bout ;
Mais sonne mon heure dernière
Le jour où je ne pourrai faire
    Un peu de tout.

LE LOUP.

CHANSONNETTE

Air à faire.

Pour s'en aller au bois Annette
Des bergers évitait les yeux ;
Car la mère de la follette
Avoit dit d'un ton sérieux :
« Ma fille, va toujours seulette,
L'Amour survient lorsqu'on est deux. »

En folâtrant, la bergerette
Avançait d'un pas hasardeux ;
Du fond de la sombre coudrette,
Tout-à-coup, sort un loup affreux ;
Annette se trouva seulette
Avec le loup.... qui faisait deux.

Aux cris perçans de la pauvrette,
Accourt le riche et gros Dervieux.
Le loup fuit. « Voilà, ma poulette,
Dit notre homme à l'œil amoureux,
Voilà ce qu'on risque seulette ;
On ne craint rien lorsqu'on est deux. »

Il prend la main de la brunette ;
Et, dévoré de mille feux,
Il voulait lui conter fleurette ;
Elle répond d'un air honteux :
« Si je risquais beaucoup seulette,
Je risque encor plus... étant deux. »

La naïve et sage fillette
Du richard rejeta les vœux ;
Charmé de la vertu d'Annette,
Il consentit, pour être heureux
Et l'avoir avec lui seulette,
Que l'Hymen les unît tous deux.

ROMANCE.

Air à faire.

Des doux plaisirs de la constance
Qu'un autre vante les attraits,
Je me pique d'indifférence;
C'est à changer que je me plais;
Changer fut toujours, on assure,
Le partage du genre humain,
Tout comme moi dans la nature
Change du jour au lendemain.

Rois puissans, tyrans de la terre,
Comme un songe vous passerez,
Envain gronde votre tonnerre
Le temps viendra... vous changerez.
Des champs la riante verdure;
Eglé vos célestes appas,
Tout change hélas! dans la nature,
Pourquoi ne changerai-je pas?

Je suis fidèle à l'inconstance,
Ses attraits ont su m'engager,

Vains honneurs, richesses, puissances;
Rien ne peut me faire changer.
Amour, amitié douce et pure
Peuples, esclaves, potentats,
Que tout change dans la nature,
Mon humeur ne changera pas.

LE SERMENT.

Air à faire.

La jeune Emma, coquette autant que belle,
Avait reçu l'aveu de mon ardeur;
Elle m'avait promis amour fidèle,
Et je croyais avoir soumis son cœur.
Trop douce erreur, la perfide m'oublie,
Adieu bonheur, adieu tendres amours;
Je fais serment de n'aimer de la vie;
Et ce serment, je le tiendrai toujours.

De la beauté je braverai l'empire,
Envain l'amour voudra dicter ses
　lois,
Ses faux attraits ne pourront me
　séduire,
Et pour toujours, je suis sourd à
　sa voix.
Douce amitié, pour toi seule j'ou-
　blie,
Et la perfide et nos tendres amours,
Je fais serment d'être à toi pour la
　vie ;
Et ce serment, je le tiendrai tou-
　jours.

L'AMI DE LA PAIX.

RONDE.

Air à faire.

Laissons faire à sa manière,
A chacun ce qui lui plaît,
Cela ne m'importe guère,
Et je trouve tout bien fait,
Pourvu qu'on me laisse faire.

Si notre voisin diffère
Avec nous d'opinion,
Faut-il se mettre en colère?
Renoncer à l'union?
Ce serait sottise amère.

Je n'aime pas que l'on raille
L'antiquaire presque fou
D'une chétive médaille
Qui lui vient je ne sais d'où.
Admirons son antiquaille.

L'un des fleurs a la manie,
Il en remplit ses jardins;
Et tel autre a la folie
De rassembler des bouquins
Qu'il ne lira de sa vie.

L'un bâtit et l'autre plante;
L'un se bat et l'autre écrit;
L'un sermonne, l'autre chante;
L'un de tout se moque et rit,
L'autre de tout se lamente.

S'il faut, dans notre délire,
Un hochet à notre orgueil,
A-t-on tort lorsqu'on désire
Des Quarante le fauteuil,
Ou tel cordon qu'on admire?

Sous la céleste calotte
Tranquillement vivons tous.
Respectons chaque marotte ;
Car assez souvent des fous
La raison n'est pas si sotte.

COUPLET DE L'ABSENCE.
VAUDEVILLE.

Air : *Vaudeville de la somnambule.*

Aux jeunes gens, oui toujours la vieillesse
De ses conseils doit accorder l'appui.
Il ne faut pas les condamner sans cesse ;
Nous avons fait ce qu'ils font aujourd'hui.
Sur nos vieux jours, loin d'être inexorables,
Par la douceur, il faut les ramener;
Ils ont encor le droit d'être coupables,
Et nous avons celui de pardonner.

LA CHOSE IMPOSSIBLE.

ROMANCE.

Air : *Muse des bois*, etc.

Lorsque cent fois jeune et belle maîtresse
T'aura juré d'éternelles amours,
Quand tout chez elle enflamme ta tendresse,
Ses yeux, sa voix, ses soupirs, ses discours ; *bis.*
Quand la pudeur qui pare sa figure,
Ajoute encore un charme à ses attraits ;
Si tout-à-coup elle devient parjure,
On peut la fuir, mais l'oublier.... jamais ! *bis.*

Au doux souris qui brillait sur sa bouche
Lorsque succède un air froid et moqueur,

Lorsqu'un discours dédaigneux et farouche
A remplacé les entretiens du cœur ; *bis.*
Sur son ami lorsqu'on voit l'infidèle
De la satire épuiser tous les traits ;
Lorsque la vie est un tourment près d'elle,
On peut la fuir, mais l'oublier.... jamais ! *bis.*

Long-temps j'aimai, faut-il qu'il m'en souvienne !
Ma belle alors était mon plus grand bien ;
Sans y penser, sa main trouvait la mienne,
Son cœur brûlant battait auprès du mien. *bis.*
Combien de fois elle m'a dit : *Je t'aime ;*
Instans heureux! Dieux! qu'alors je l'aimais !
Elle a changé, je suis toujours le même ;
Je puis la fuir, mais l'oublier.... jamais ! *bis.*

EMBARQUEZ-VOUS.
CHANSONNETTE.

Embarquez-vous ! qu'on se dépêche !
La nacelle est dans les roseaux ;
Le ciel est pur, la brise fraîche,
L'onde réfléchit les ormeaux.
Le dieu de ces heureux rivages,
Le tendre Amour, veille sur nous ;
Jeunes et vieux, folles et sages,
    Embarquez-vous !

Je vais du pied loin de la rive
Pousser le bateau vaccillant ;
Lise, ne sois pas si craintive ;
Presse-moi sur ton cœur tremblant.
Eh quoi ! tu craindrai les naufrages ?
Périr ensemble serait doux !
Jeunes et vieux, folles et sages,
    Embarquez-vous !

Vous entendrez la rame agile
Battre les flots harmonieux ;
Vous verrez sur l'onde immobile
Voltiger l'habitant des cieux.

Je vous chanterai la romance
Quand la nuit nous couvrira tous.
Amis des rêves, du silence,
    Embarquez-vous !

Je veux vous conduire moi-même
Dans l'île où l'on danse aux chansons,
Où de la voix de ce qu'on aime
L'écho redit long-temps les sons.
Le plaisir aime les voyages ;
Amis, amans, accourez-tous !
Jeunes et vieux, folles et sages,
    Embarquez-vous !

LES ADIEUX.

CHANSON.

Air : *Pour noble princesse*, etc.

Lubin sollicite
Légère faveur ;
Lise avec frayeur
Le fuit et l'évite.

Lubin, plein de feu,
L'arrête et soupire ;
Que vont-ils se dire ?....
Le premier adieu.

Lise est plus jolie,
 Lubin moins ardent ;
Lubin cependant
Tendrement supplie.
Oh ! l'aimable jeu !
Le charmant délire !
Que vont-ils se dire ?....
Le second adieu.

Mais, las ! tout de glace
Se montre Lubin ;
Lise en vrai lutin,
Le raille et l'agace ;
Il s'anime un peu ;
Lise de sourire !
Pourra-t-il lui dire....
Le dernier adieu ?

HÉLAS !

CHANSONNETTE.

Air : *De la visite à Bedlam.*

Une naïve bergerette
    Un jour rêvait ;
Ce qui tourmentait la pauvrette,
    Amour le sait,
Ses doigts entr'ouvraient fleur mi-close,
    Présent d'Hylas.
Quand fillette effeuille la rose...
    Hélas ! hélas !

Le berger, qui guettait la belle,
    Paraît soudain :
Il veut d'une rose nouvelle
    Orner son sein ;
Le trouble de Lise est extrême.....
    L'heureux Hylas
En profite et place lui-même.....
    Hélas ! hélas !

Ils sont bientôt dans le bocage
    Lise tremblait
Hylas désirait davantage,
    Mais il n'osait ;
L'amour qui les suit en cachette
    Aidant Hylas
Fait glisser Lise sur l'herbette....
    Hélas ! hélas !

Du bois fatal mais plein de charmes
    Lise sortit ;
Ce qui fesait couler ses larmes,
    Point ne se dit,
Je n'ai pu savoir qu'une chose
    (Ceci tout bas)
C'est qu'elle cherche encor sa rose.
    Hélas ! hélas !

LE TEMPS.

CHANSON.

Air : *Ainsi jadis à Télémaque.*

Un jour si l'on en croit un sage,
Cher aux muses, à la beauté,

Le temps demandait le passage
Sur le bord d'un fleuve arrêté,
Au même instant tout hors d'ha-
 leine,
Le plaisir accourt près de lui.
Sur ses pas se traînait la peine,
C'était alors comme aujourd'hui.

C'est le temps, dit-elle à son frère ;
Bien vite fesons-le passer.
— Non, ma sœur ; je veux au
 contraire
Sur ce bord enfin le fixer.
Je sais trop quelle est sa puissance;
Rien n'endort ses yeux vigilans,
Mais toujours, malgré sa prudence,
Le plaisir a trompé le temps.

Alors, en riant, il l'invite
A se reposer un moment.
Ah! dit la peine, fuyez vite :
Vous cheminez si lentement !
Finissez ce débat de grâce,
Dit le temps, j'ai peu de loisir :
La barque arrive, et le temps passe
Entre la peine et le plaisir.

CALENDRIER

GRÉGORIEN,

POUR L'ANNÉE

1825.

A LILLE,

Chez VANACKERE FILS, Imprimeur-Libraire,
place du Théâtre, N.º 10.

ARTICLES DU CALENDRIER.

SIGNES DU ZODIAQUE.

♈	Le Bélier.	♎	La Balance.	
♉	Le Taureau.	♏	Le Scorpion.	
♊	Les Gémeaux.	♐	Le Sagittaire.	
♋	L'Écrevisse.	♑	Le Capricorne.	
♌	Le Lion.	♒	Le Verseau.	
♍	La Vierge.	♓	Les Poissons.	

Septentrion — *Méridionaux*

☉ Le Soleil.

FIGURES ET NOMS DES PLANÈTES.

☿ Mercure.	♃ Jupiter.	⚴ Pallas.
♀ Vénus.	♄ Saturne.	⚵ Junon.
♁ La Terre.	♅ Uranus.	⚶ Vesta.
♂ Mars.	⚳ Cérès.	

☽ La Lune, satellite de la Terre.

SAISONS.

Printemps, 20 Mars, à 9 h. 28′ du soir.	*Automne*, 23 Septembre, à 8 h. 51′ du matin.
Été, 21 Juin, à 6 h. 58′ du soir.	*Hiver*, 22 Décembre, à 1 h. 55′ du matin.

FÊTES MOBILES.

Septuagésime, 30 *Janv.*	TRINITÉ, 29 *Mai.*
Cendres, 16 *Fév.*	FÊTE-DIEU, 2 *Juin.*
PAQUES, 3 *Avril.*	Avent, 27 *Novembre.*
Rogat., 9, 10 et 11 *Mai.*	De l'Épiphanie à la Sep-
ASCENSION, 12 *Mai.*	tuagésime, 3 *Dim.*
PENTECOTE, 22 *Mai.*	De la Pent. à l'Av. 26 *D.*

Comput Ecclésiastique.	*Quatre-Temps.*
Nombre d'or . . . . 2.	Février 23, 25 et 26.
Épacte . . . . . . XI.	Mai 25, 27 et 28.
Cycle solaire . . . 14.	Septembre 21, 23 et 24.
Indiction Romaine. 13.	Décembre 14, 16 et 17.
Lettre Dominicale. B.	

JANVIER 1825. *Signe*, le Verseau. ♒

- ① P. L. le 4, à 11 h. 48' du soir. *Périgée* le 7.
- ☽ D. Q. le 11, à 4 h. 3' du soir.
- ● N. L. le 19, à 3 h. 52' du matin. *Apogée* le 23.
- ☾ P. Q. le 27, à 8 h. 34' du matin.

JOURS DATES et Noms des Saints.			Lev. du ☉	Cou. du ☉	Lever de la ☽	Couch. de la ☽
			H. M.	H. M.	H. M.	H. M.
1	s.	Circoncision.	7 52	4 8	1 0 Soir.	4 13 Matin.
2	D.	s. Macaire, ab.	7 52	4 8	1 45	5 20
3	l.	ste. Geneviève	7 51	4 9	2 43	6 21
4	m.	s. Rigobert, év.	7 51	4 10	3 52	7 14
5	m.	s. Siméon, styl.	7 50	4 10	5 10	7 56
6	j.	Epiphanie.	7 49	4 11	6 32	8 30
7	v.	s. Lucien, év.	7 48	4 12	7 53	8 59
8	s.	ste. Gudule.	7 48	4 13	9 14	9 22
9	D.	s. Julien, m.	7 47	4 13	10 34	9 45
10	l.	s. Guillaume.	7 46	4 14	11 52	10 7
11	m.	s. Hygin, pap.	7 45	4 15	Matin.	10 30
12	m.	s. Arcade, m.	7 44	4 16	1 10	10 57
13	j.	Bapt. de N. S.	7 43	4 17	2 26	11 28
14	v.	s. Hilaire, év.	7 42	4 18	3 38	0 6 Soir.
15	s.	s. Nom de Jés.	7 41	4 19	4 44	0 53
16	D.	s. Fursi, abb.	7 40	4 20	5 39	1 47
17	l.	s. Antoine, ab.	7 39	4 21	6 26	2 50
18	m.	C. s. Pierre à R.	7 38	4 23	7 1	3 56
19	m.	s. Canut, Roi.	7 37	4 24	7 30	5 3
20	j.	ss. Fabien et S.	7 35	4 25	7 55	6 10
21	v.	ste. Agnès, v.	7 34	4 26	8 16	7 16
22	s.	s. Vincent, m.	7 33	4 27	8 35	8 20
23	D.	s. Raymond, c.	7 32	4 29	8 52	9 23
24	l.	s. Timothée.	7 30	4 30	9 10	10 27
25	m.	Conv. de s. P.	7 29	4 32	9 28	11 32
26	m.	s. Polycarpe.	7 28	4 33	9 49	Matin.
27	j.	s. Jean-Chrys.	7 26	4 34	10 15	0 38
28	v.	s. Charlemag.	7 25	4 36	10 46	1 46
29	s.	s. Franç. de S.	7 23	4 37	11 25	2 51
30	D.	Septuagésime	7 22	4 39	0 15 Soir.	3 54
31	l.	s. Pierre Nol.	7 21	4 40	1 19	4 50

FÉVRIER. *Signe, les Poissons.* ♓

- ☉ P. L. le 3, à 11 h. 25′ du matin. *Périgée le 4.*
- ☽ D. Q. le 10, à 2 h. 5′ du matin.
- ● N. L. le 17, à 10 h. 14′ du soir. *Apogée le 19.*
- ☽ P. Q. le 26, à 1 h. 51′ du matin.

JOURS, DATES et Noms des Saints.			Lev. du ☉		Cou. du ☉		Lever de la ☽		Couch. de la ☽	
			H.	M.	H.	M.	H.	M.	H.	M.
1	m.	s. Ignace, év.	7	19	4	42	2	32	5	38
2	m.	Purification	7	18	4	43	3	52	6	17
3	j.	s. Blaise, év.	7	16	4	45	5	16	6	48
4	v.	s. André de C.	7	14	4	46	6	40	7	15
5	s.	ste. Agathe, v.	7	13	4	48	8	5	7	40
6	D.	*Sexagésime.*	7	11	4	49	9	27	8	4
7	l.	s. Romuald, ab.	7	10	4	51	10	49	8	28
8	m.	s. Jean de M.	7	8	4	53	Matin.		8	55
9	m.	ste. Apolline, v.	7	6	4	54	0	7	9	26
10	j.	ste. Scholastiq.	7	5	4	56	1	22	10	2
11	v.	s. Séverin, ab.	7	3	4	58	2	31	10	47
12	s.	ste. Eulalie, v.	7	2	4	59	3	31	11	39
13	D.	*Quinquagés.*	7	0	5	1	4	20	0	39
14	l.	s. Valentin, p.	6	58	5	3	4	59	1	44
15	m.	s. Faustin, m.	6	56	5	4	5	31	2	50
16	m.	*Les Cendres.*	6	55	5	6	5	57	3	57
17	j.	s. Donat, m.	6	53	5	8	6	19	5	2
18	v.	s. Siméon, év.	6	51	5	9	6	38	6	6
19	s.	s. Gabin, m.	6	50	5	11	6	57	7	10
20	D.	*Quadragésim.*	6	48	5	13	7	15	8	15
21	l.	s. Flavien.	6	46	5	15	7	33	9	20
22	m.	Ch. s. Pierre à A	6	44	5	16	7	54	10	25
23	m.	s. Florent. 4 T.	6	43	5	18	8	18	11	31
24	j.	s. Mathias, ap.	6	41	5	20	8	47	Matin.	
25	v.	s. Césaire, 4 T.	6	39	5	22	9	22	0	37
26	s.	s. Alexand. 4 T.	6	37	5	24	10	6	1	39
27	D.	*Reminiscere.*	6	36	5	25	11	1	2	36
28	l.	s. Romain, ab.	6	34	5	27	0	7	3	26

MARS. Signe, le Belier. ♈

- P. L. le 4, à 9 h. 31' du soir. *Périgée le 4.*
- D. Q. le 11, à 2 h. 36' du soir. *Apogée le 18.*
- N. L. le 19, à 4 h. 32' du soir.
- P. Q. le 27, à 3 h. 19' du soir.

JOURS, DATES et Noms des Saints.	Lev. du ☉	Cou. du ☉	Lever de la ☾	Couch. de la ☾
	H. M.	H. M.	H. M.	H. M.
1 m. s. Aubin, év.	6 32	5 29	1 23 Soir	4 9 Matin
2 m. s. Simplice, p.	6 30	5 31	2 45	4 44
3 j. ste. Cunegonde	6 29	5 32	4 9	5 15
4 v. s. Casimir, c.	6 27	5 34	5 33	5 41
5 s. s. Théophile.	6 25	5 36	7 0	6 6
6 D. *Oculi.*	6 23	5 38	8 24	6 29
7 l. s. Thomas d'A.	6 21	5 40	9 48	6 58
8 m. s. Jean de Dieu.	6 20	5 41	11 8	7 29
9 m. ste. Françoise.	6 18	5 43	Matin.	8 5
10 j. Les 40 Martyrs	6 16	5 45	0 22	8 48
11 v. s. Firmin, ab.	6 14	5 47	1 27	9 40
12 s. s. Grégoire, p.	6 12	5 49	2 21	10 38
13 D. *Lætare.*	6 10	5 50	3 5	11 42
14 l. ste. Mathilde.	6 9	5 52	3 39	0 48 Soir
15 m. s. Longin, m.	6 7	5 54	4 6	1 54
16 m. s. Abraham, er.	6 5	5 56	4 30	2 59
17 j. s. Patrice, év.	6 3	5 58	4 50	4 4
18 v. s. Gabriel, ar.	6 1	5 59	5 9	5 8
19 s. s. Joseph, c.	6 0	6 1	5 28	6 12
20 D. *La Passion.*	5 58	6 3	5 47	7 17
21 l. s. Benoît, abb.	5 56	6 5	6 6	8 22
22 m. s. Basile.	5 54	6 7	6 30	9 28
23 m. s. Victorien, c.	5 52	6 9	6 57	10 34
24 j. s. Siméon, m.	5 51	6 10	7 32	11 36
25 v. N.-D. des 7 D.	5 49	6 12	8 12	Matin.
26 s. s. Ludger, év.	5 47	6 14	9 3	0 36
27 D. *Les Rameaux.*	5 45	6 16	10 2	1 28
28 l. s. Gontran, r.	5 43	6 18	11 10	2 11
29 m. s. Bertolde, c.	5 42	6 19	0 28 Soir	2 50
30 m. s. Amédée, duc	5 40	6 21	1 47	3 20
31 j. *La Cène.*	5 38	6 23	3 10	3 47

6
AVRIL. Signe, le Taureau. ♉

P. L. le 3, à 6 h. 32′ du matin. *Périgée le 2.*
D. Q. le 10, à 5 h. 18′ du matin. *Apogée le 15.*
N. L. le 18, à 9 h. 29′ du matin.
P. Q. le 26, à 0 h. 47′ du matin. *Périgée le 30.*

JOURS, DATES et Noms des Saints.			Lev. du ☉	Cou. du ☉	Lever de la ☽	Couch. de la ☽
			H. M.	H. M.	H. M.	H. M.
1	v.	Mort de N. S.	5 36	6 25	4 34 Soir	4 13 Matin
2	s.	s. François de P	5 34	6 26	5 58	4 38
3	D.	*PAQUES.*	5 33	6 28	7 23	5 4
4	l.	*Pâques.*	5 31	6 30	8 47	5 33
5	m.	s. Vincent Fer.	5 29	6 32	10 7	6 7
6	m.	s. Célestin, p.	5 27	6 34	11 18	6 48
7	j.	s. Hégésipe, c.	5 26	6 35	Matin.	7 38
8	v.	s. Albert, pat.	5 24	6 37	0 18	8 36
9	s.	ste. Marie.	5 22	6 39	1 7	9 39
10	D.	*Quasimodo.*	5 20	6 41	1 46	10 46
11	l.	ANNONCIAT.	5 19	6 42	2 16	11 53
12	m.	s. Jules, pape.	5 17	6 44	2 42	0 59 Soir
13	m.	s. Herménégil.	5 15	6 46	3 4	2 4
14	j.	s. Tiburce, m.	5 13	6 48	3 23	3 8
15	v.	ste. Anastasie.	5 12	6 49	3 42	4 12
16	s.	s. Druon, c.	5 10	6 51	4 0	5 16
17	D.	s. Anicet, p.	5 8	6 53	4 20	6 21
18	l.	s. Parfait, m.	5 6	6 54	4 42	7 27
19	m.	s. Léon, pape.	5 5	6 56	5 9	8 33
20	m.	s. Théodore, c.	5 3	6 58	5 40	9 37
21	j.	s. Anselme, év.	5 1	7 0	6 19	10 37
22	v.	s. Soter, p. m.	5 0	7 1	7 7	11 30
23	s.	s. Georges, m.	4 58	7 3	8 4	Matin.
24	D.	s. Fidèle, m.	4 56	7 5	9 9	0 16
25	l.	s. Marc. (V. J.)	4 55	7 6	10 20	0 54
26	m.	s. Clète, p. m.	4 53	7 8	11 36	1 25
27	m.	s. Anthime, év.	4 51	7 9	0 54 Soir	1 54
28	j.	s. Vital, mart.	4 50	7 11	2 15	2 19
29	v.	s. Pierre, m.	4 48	7 13	3 36	2 44
30	s.	ste. Cath. de S.	4 47	7 14	4 59	3 8

MAI. *Signe*, les Gémeaux. ♊

P. L. le 2, à 3 h. 9' du soir.
D. Q. le 9, à 9 h. 30' du soir. *Apogée le 12.*
N. L. le 18, à 0 h. 15' du matin. *Périgée le 28.*
P. Q. le 25, à 7 h. 1' du matin.

JOURS, DATES et Noms des Saints.		Lev. du ☉	Cou. du ☉	Lever de la ☽	Couch de la ☽
		H. M.	H. M.	H. M.	H. M.
1	D. ss. Jacq. et Ph.	4 45	7 16	6 22 Soir	3 36 Matin
2	l. s. Athanase, p.	4 43	7 17	7 44	4 8
3	m. Inv. de ste. Cr.	4 42	7 19	9 0	4 44
4	m. ste. Monique.	4 40	7 20	10 8	5 30
5	j. s. Maurant, ab.	4 39	7 22	11 0	6 26
6	v. s. Jean P. Lat.	4 37	7 23	11 46	7 28
7	s. ste. Flavie.	4 36	7 25	Matin.	8 30
8	D. App. de s. Mic.	4 34	7 26	0 26	9 39
9	l. T. s. Nic. *Rog*	4 33	7 28	0 48	10 52
10	m. s. Antonin. *Rog*	4 31	7 29	1 19	11 57
11	m. s. Gengoul. *Rog*	4 30	7 31	1 31	1 1 Soir
12	j. ASCENSION.	4 28	7 32	1 59	2 5
13	v. s. Servais, év.	4 27	7 34	2 9	3 9
14	s. s. Boniface, m.	4 26	7 35	2 28	4 14
15	D. s. Isidore, m.	4 24	7 36	2 50	5 19
16	l. s. Honoré, év.	4 23	7 38	3 13	6 24
17	m. ste. Restitue, v.	4 22	7 39	3 42	7 29
18	m. s. Venant, m.	4 20	7 40	4 19	8 32
19	j. s. Yves, conf.	4 19	7 41	5 5	9 29
20	v. s. Bernardin, c.	4 18	7 43	6 0	10 18
21	s. s. Hospice, réc.	4 17	7 44	7 3	10 57
22	D. PENTECOTE.	4 16	7 45	8 14	11 31
23	l. *Pentecôte.*	4 14	7 46	9 28	11 59
24	m. ste. Jeanne, m.	4 13	7 47	10 44	Matin.
25	m. s. Urbain. 4 *T.*	4 12	7 48	Soir.	0 24
26	j. s. Philippe de N.	4 11	7 49	1 19	0 48
27	v. s. Jules. 4 *T.*	4 10	7 50	2 38	1 12
28	s. s. Germain 4 *T.*	4 9	7 51	3 58	1 36
29	D. *Trinité.*	4 8	7 52	5 18	2 4
30	l. s. Ferdinand, r.	4 7	7 53	6 36	2 38
31	m. ste. Pétronille.	4 6	7 54	7 47	3 18

JUIN. Signe, l'Écrevisse. ♋

- P. L. le 1, à 0 h. 7′ du matin.
- D. Q. le 8, à 2 h. 27′ du soir. *Apogée le 9.*
- N. L. le 16, à 0 h. 31′ du soir. *Périgée le 23.*
- P. Q. le 23, à 11 h. 24′ du matin.
- P. L. le 30, à 10 h. 13′ du matin.

JOURS, DATES et Noms des Saints.			Lev. du ☉		Cou. du ☉		Lever de la ☽		Couch. de la ☽	
			H.	M.	H.	M.	H.	M.	H.	M.
1	m.	s. Fortuné, c.	4	6	7	55	8 soir	48	4 matin	9
2	j.	*Fête-Dieu.*	4	5	7	56	9	37	5	10
3	v.	ste. Clotilde, r.	4	4	7	56	10	15	6	14
4	s.	s. Quirin, év.	4	3	7	57	10	46	7	23
5	D.	s. Boniface, év.	4	3	7	58	11	11	8	32
6	l.	s. Norbert, év.	4	2	7	58	11	32	9	40
7	m.	s. Robert, ab.	4	1	7	59	Matin.		10	46
8	m.	s. Médard V. J.	4	1	8	0	0	52	11	51
9	j.	*Oct. de la F. D.*	4	0	8	0	0	11	0 soir	54
10	v.	s. Landri, év.	4	0	8	0	0	30	1	58
11	s.	s. Barnabé, ap.	3	59	8	1	0	50	3	3
12	D.	s. Onuphre, an.	3	59	8	1	1	13	4	8
13	l.	s. Antoine de P.	3	58	8	2	1	40	5	13
14	m.	s. Basile-le-Gr.	3	58	8	2	2	14	6	17
15	m	ss. Vite et Mod.	3	58	8	2	2	55	7	17
16	j.	s. Franç. Régis.	3	57	8	3	3	48	8	9
17	v.	s. Avy, abbé.	3	57	8	3	4	48	8	51
18	s.	ste. Marine, v.	3	57	8	3	5	56	9	27
19	D.	s. Gervais et P.	3	57	8	3	7	11	9	58
20	l.	s. Silvère, pap.	3	57	8	3	8	28	10	25
21	m.	s. Louis de G.	3	57	8	3	9	46	10	48
22	m.	s. Paulin, év.	3	57	8	3	11	4	11	11
23	j.	s. Liébert. V. J.	3	57	8	3	0 soir	22	11	35
24	v.	*Nat. de s. J. B.*	3	57	8	3	1	40	Matin.	
25	s.	Tr. de s. Éloi.	3	57	8	3	2	58	0	2
26	D.	ss. Jean et Paul	3	57	8	3	4	14	0	32
27	l.	s. Ladislas, R.	3	57	8	3	5	26	1	8
28	m.	s. Irénée, V. J.	3	58	8	2	6	30	1	53
29	m.	ss. Pierre et P.	3	58	8	2	7	23	2	48
30	j.	Comm. des. P.	3	58	8	2	8	6	3	51

JUILLET. Signe, le Lion. ♌

☽ D. Q. le 8, à 7 h. 33′ du matin. *Apogée le 7.*
● N. L. le 15, à 10 h 34′ du soir. *Périgée le 19.*
☽ P. Q. le 22, à 3 h. 44′ du soir.
○ P. L. le 29, à 10 h. 6′ du soir.

JOURS, DATES et Noms des Saints.	Lev. du ☉	Cou. du ☉	Lever de la ☽	Couch. de la ☽
	H. M.	H. M.	H. M.	H. M.
1 v. s. Rombaut, év.	3 59	8 1	8 39	4 59
2 s. Visitat. de la V.	3 59	8 1	9 8	6 8
3 D. s. Hyacinthe.	3 59	8 0	9 31	7 17
4 l. Tr. s. Martin.	4 0	7 59	9 51	8 26
5 m. ste. Zoé, mart.	4 1	7 59	10 10	9 29
6 m. ste. Godelive.	4 1	7 59	10 29	10 34
7 j. s. Willebaud.	4 2	7 58	10 48	11 38
8 v. ste. Elisabeth.	4 3	7 57	11 8	0 42
9 s. Les Mart. de G.	4 3	7 57	11 33	1 48
10 D. ste. Félicité, m.	4 4	7 56	Matin.	2 53
11 l. Tr. de s. Benoît	4 5	7 55	0 5	3 57
12 m. s. Gualbert, ab	4 5	7 54	0 43	4 58
13 m. s. Anaclet, p.	4 6	7 53	1 29	5 53
14 j. s. Bonaventure	4 7	7 52	2 26	6 42
15 v. s. Henri, Emp.	4 8	7 51	3 33	7 24
16 s. N.-D. du M. C.	4 9	7 50	4 48	7 56
17 D. s. Alexis, conf.	4 10	7 49	6 7	8 23
18 l. s. Arnould, év.	4 11	7 48	7 26	8 48
19 m. s. Vincent de P.	4 12	7 47	8 46	9 12
20 m. ste. Marguerit.	4 13	7 46	10 5	9 37
21 j. s. Victor, m.	4 14	7 45	11 24	10 3
22 v. ste Marie-Mag.	4 15	7 44	0 43	10 32
23 s. s. Apollinaire.	4 16	7 43	2 0	11 5
24 D. ste. Christine.	4 17	7 42	3 13	11 46
25 l. s. Jacques, ap.	4 19	7 40	4 19	Matin.
26 m. ste. Anne.	4 20	7 39	5 15	0 37
27 m. s. Désiré, év.	4 21	7 38	6 2	1 36
28 j. s. Nazaire.	4 23	7 37	6 37	2 41
29 v. ste. Marthe, v.	4 24	7 35	7 7	3 49
30 s. s. Abdon, m.	4 25	7 34	7 32	4 58
31 D. s. Ignace de L.	4 27	7 33	7 54	6 7

AOUT. *Signe*, la Vierge. ♍

☽ D. Q. le 7, à 0 h. 23′ du matin. *Apogée le 4.*
☉ N. L. le 14, à 7 h. du matin. *Périgée le 16.*
☽ P. Q. le 20, à 9 h. 43′ du soir.
☽ P. L. le 28, à 0 h. du soir. *Apogée le 31.*

JOURS, DATES et Noms des Saints.	Lev. du ☉	Cou. du ☉	Lever de la ☾	Couch. de la ☾
	H. M.	H. M.	H. M.	H. M.
1 l. s. Pierre ès-L.	4 28	7 31	8 Soir 13	7 Matin 13
2 m. N.D. des Anges	4 29	7 30	8 33	8 18
3 m. Inv. s. Etienne	4 31	7 28	8 52	9 23
4 j. s. Dominique.	4 32	7 27	9 12	10 26
5 v. N.D. aux Neig.	4 34	7 26	9 36	11 30
6 s. Tr. de N. Seig.	4 35	7 24	10 4	0 Soir 36
7 D. s. Gaëtan de T.	4 37	7 23	10 38	1 41
8 l. s. Cyriaque.	4 38	7 21	11 20	2 43
9 m. s. Romain, m.	4 39	7 20	Matin.	3 41
10 m. s. Laurent, ar.	4 41	7 18	0 12	4 33
11 j. ste. Susanne, v.	4 43	7 16	1 14	5 17
12 v. ste. Claire, v.	4 44	7 15	2 24	5 53
13 s. s. Hypol. V.J.	4 46	7 13	3 41	6 25
14 D. s. Eusèbe.	4 47	7 12	5 2	6 53
15 l. ASSOMPT.	4 49	7 10	6 24	7 18
16 m. s. Roch, conf.	4 50	7 9	7 46	7 43
17 m. s. Mammez, m.	4 52	7 7	9 7	8 9
18 j. ste. Hélène.	4 54	7 5	10 29	8 37
19 v. ste. Thècle.	4 55	7 4	11 49	9 10
20 s. s. Bernard, ab.	4 57	7 2	1 Soir 6	9 51
21 D. ste. Jeanne Fr.	4 59	7 0	2 16	10 39
22 l. s. Simphorien.	5 0	6 59	3 15	11 34
23 m. s. Philippe B.	5 2	6 57	4 4	Matin.
24 m. s. Barthélémi.	5 4	6 55	4 43	0 36
25 j. s. Louis, Roi.	5 6	6 53	5 15	1 42
26 v. s. Zéphirin, pr.	5 8	6 51	5 41	2 51
27 s. s. Césaire d'Arl.	5 10	6 49	6 3	4 0
28 D. s. Augustin, év.	5 12	6 47	6 24	5 7
29 l. Déc. de s. J.-B.	5 14	6 45	6 44	6 18
30 m. ste. Rose de L.	5 16	6 44	7 4	7 17
31 m. s. Raymond N.	5 17	6 42	7 24	8 21

SEPTEMBRE. *Signe*, la Balance. ♎

- ☽ D. Q. le 5, à 4 h. 17′ du soir.
- ● N. L. le 12, à 3 h. 9′ du soir. *Périgée le 13.*
- ☽ P. Q. le 19, à 6 h. 38′ du matin. *Apogée le 27.*
- ○ P. L. le 27, à 4 h. 23′ du matin.

JOURS, DATES et Noms des Saints.			Lev. du ☉		Cou. du ☉		Lever de la ☽		Couch. de la ☽	
			H.	M.	H.	M.	H.	M.	H.	M.
1	j.	s. Gilles, abbé.	5	18	6	41	7 Soir.	47	9 Matin.	25
2	v.	s. Etienne, Roi.	5	19	6	40	8	13	10	29
3	s.	ste. Séraphie.	5	21	6	38	8	45	11	35
4	D.	ste. Rosalie, v.	5	23	6	36	9	23	0 Soir.	37
5	l.	s. Bertin, abb.	5	24	6	35	10	10	1	34
6	m.	s. Zacharie, pr.	5	26	6	33	11	7	2	26
7	m.	ste. Reine, v.	5	28	6	31	Matin.		3	13
8	j.	*Nat. de N. D.*	5	30	6	29	0	11	3	54
9	v.	s. Omer, év.	5	31	6	28	1	23	4	29
10	s.	s. Nicol. de T.	5	33	6	26	2	40	4	59
11	D.	ss. Prote et H.	5	35	6	24	4	1	5	25
12	l.	s. Guidon, c.	5	37	6	22	5	25	5	51
13	m.	s. Aimé, arch.	5	38	6	21	6	49	6	18
14	m.	Exalt. de ste. C.	5	40	6	19	8	13	6	46
15	j.	s. Nicomède, p.	5	42	6	17	9	36	7	19
16	v.	ste. Euphémie.	5	44	6	15	10	56	7	58
17	s.	s. Lambert, év.	5	45	6	14	0 Soir.	10	8	44
18	D.	ste. Sophie, m.	5	47	6	12	1	14	9	38
19	l.	s. Janvier, év.	5	49	6	10	2	7	10	40
20	m.	s. Eustache, m.	5	51	6	8	2	50	11	46
21	m.	s. Matthieu. 4 T	5	53	6	6	3	25	Matin.	
22	j.	s. Maurice.	5	54	6	5	3	55	0	54
23	v.	s. Lin, pr. 4 T	5	56	6	3	4	20	2	2
24	s.	N. D. de la M. 4 T	5	58	6	1	4	42	3	8
25	D.	s. Firmin, év.	6	0	5	59	5	1	4	13
26	l.	ste. Justine, v.	6	2	5	57	5	19	5	17
27	m.	ss. Côme et D.	6	3	5	56	5	38	6	21
28	m.	s. Wenceslas.	6	5	5	54	6	1	7	25
29	j.	Déd. de s. Mic.	6	7	5	52	6	27	8	29
30	v.	s. Jérôme, pr.	6	9	5	50	6	57	9	32

OCTOBRE. *Signe*, le Scorpion ♏

- ☽ D. Q. le 5, à 6 h. 31′ du matin. *Périgée le 11.*
- ● N. L. le 11, à 11 h. 39′ du soir.
- ☽ P. Q. le 18, à 7 h. 17′ du soir. *Apogée le 25.*
- ○ P. L. le 26, à 10 h. 11′ du soir.

JOURS, DATES et Noms des Saints.	Lev. du ☉		Couc. du ☉		Lever de la ☽		Couch. de la ☽	
	H.	M.	H.	M.	H.	M.	H.	M.
1 s. ss. Remi et Piat	6	10	5	49	7	33 Soir	10	35 Mat.
2 D. ss. Anges gard.	6	12	5	47	8	16	11	35
3 l. s. Denis, mar.	6	14	5	45	9	6	0	28 Soir
4 m. s. Françoisd'A.	6	16	5	43	10	5	1	17
5 m. s. Placide, conf.	6	17	5	42	11	12	1	50
6 j. s. Bruno, conf.	6	19	5	40	Matin.		2	35
7 v. s. Marc, pape.	6	21	5	38	0	25	3	10
8 s. ste. Brigitte, v.	6	23	5	36	1	42	3	33
9 D. s. Chislain, év.	6	25	5	34	3	2	3	58
10 l. s. Françoisde B.	6	26	5	33	4	25	4	24
11 m. s. Gomer, conf.	6	28	5	31	5	49	4	52
12 m. s. Maximilien.	6	30	5	29	7	13	5	23
13 j. s. Edouard, R.	6	32	5	27	8	37	5	59
14 v. s. Calixte, p.m.	6	34	5	25	9	57	6	44
15 s. ste. Thérèse.	6	35	5	24	11	8	7	38
16 D. s. Martinien.	6	37	5	22	0	5 Soir	8	39
17 l. s. Florentin, év.	6	39	5	20	0	56	9	44
18 m. s. Luc, évang.	6	40	5	19	1	34	10	51
19 m. s. Pierre d'Al.	6	42	5	17	2	4	Matin.	
20 j. s. Caprais, m.	6	44	5	15	2	29	0	0
21 v. ste. Ursule.	6	46	5	13	2	52	1	8
22 s. s. Mellon, év.	6	48	5	12	3	13	2	12
23 D. s. Séverin, év.	6	50	5	10	3	33	3	16
24 l. s. Magloire, év.	6	51	5	8	3	53	4	20
25 m. ss. Crépin et C.	6	53	5	6	4	14	5	24
26 m. s. Evariste, pr.	6	55	5	4	4	37	6	27
27 j. s. Frumence,	6	56	5	3	5	5	7	30
28 v. ss. Simon et J.	6	58	5	1	5	40	8	33
29 s. s. Narcisse, p.	6	59	5	0	6	21	9	33
30 D. s. Lucain, m.	7	0	4	59	7	10	10	28
31 l. s. Quentin, m.	7	2	4	57	8	6	11	18

NOVEMBRE. *Signe*, le Sagittaire.

D.Q. le 3, à 6 h. 31' du soir. *Périgée le 9.*
N.L. le 10, à 9 h. 23' du matin.
P.Q. le 17, à 11 h. 40' du matin. *Apogée le 21.*
P.L. le 25, à 4 h. 21' du soir.

JOURS, DATES et Noms des Saints.			Lev. du ☉	Cou. du ☉	Lever de la ☽	Couch. de la ☽
			H. M.	H. M.	H. M.	H. M.
1	m.	TOUSSAINT.	7 4	4 55	9 9 Soir	0 0 Soir
2	m.	C. des Morts.	7 5	4 54	10 18	0 36
3	j.	s. Hubert, év.	7 7	4 52	11 30	1 8
4	v.	s. Charles Bor.	7 8	4 51	Matin.	1 36
5	s.	s. Zacharie, p.	7 10	4 49	0 45	2 2
6	D.	s. Léonard, c.	7 12	4 47	2 3	2 26
7	l.	s. Ernest, évêq.	7 13	4 46	3 22	2 51
8	m.	Les 4 SS. cour.	7 15	4 44	4 44	3 19
9	m.	s. Mathurin, c.	7 16	4 43	6 7	3 52
10	j.	s. Juste, évêq.	7 18	4 41	7 29	4 33
11	v.	s. Martin, arc.	7 20	4 39	8 46	5 23
12	s.	s. René, évêq.	7 21	4 38	9 52	6 22
13	D.	s. Homobon, c.	7 23	4 36	10 46	7 27
14	l.	s. Albéric, év.	7 24	4 35	11 29	8 36
15	m.	s. Eugène, év.	7 25	4 34	0 3 Soir	9 46
16	m.	s. Edmond, ar.	7 27	4 32	0 30	10 54
17	j.	s. Grégoire, év.	7 29	4 31	0 54	Matin.
18	v.	s. Odon, abbé.	7 30	4 29	1 16	0 2
19	s.	ste. Elisabeth.	7 31	4 28	1 36	1 7
20	D.	s. Félix de Val.	7 32	4 27	1 55	2 10
21	l.	Prés. de N.-D.	7 34	4 26	2 15	3 13
22	m.	ste. Cécile, v.	7 35	4 24	2 37	4 17
23	m.	s. Clément, p.	7 36	4 23	3 3	5 20
24	j.	ste. Flore, v.	7 37	4 22	3 35	6 22
25	v.	ste. Catherine.	7 39	4 21	4 14	7 22
26	s.	s. Pierre, év.	7 40	4 20	5 1	8 18
27	D.	*Avent.*	7 41	4 19	5 56	9 9
28	l.	s. Sosthène.	7 42	4 18	5 58	9 53
29	m.	s. Saturnin, m.	7 43	4 17	8 4	10 32
30	m.	s. André, apôt.	7 44	4 16	9 14	11 5

DÉCEMBRE. — *Signe*, le Capricorne. ♑

- ☽ D. Q. le 3, à 4 h. 17′ du matin.   *Périgée le 7.*
- ● N. L. le 9, à 8 h. 44′ du soir.
- ☽ P. Q. le 17, à 7 h. 15′ du matin.   *Apogée le 19.*
- ○ P. L. le 25, à 9 h. 22′ du matin.

JOURS, DATES et Noms des Saints.			Lev. du ☉	Cou. du ☉	Lever de la ☾	Couch. de la ☾
			H. M.	H. M.	H. M.	H. M.
1	j.	s. Eloi, évêq.	7 45	4 15	10 27 Soir	11 33 Matin
2	v.	ste. Bibiane, v.	7 46	4 14	11 41	11 58
3	s.	s. François X.	7 46	4 13	Matin	0 22 Soir
4	D.	ste. Barbe, v.	7 47	4 12	0 57	0 45
5	l.	s. Sabbas, ab.	7 48	4 12	2 14	1 11
6	m.	s. Nicolas, év.	7 49	4 11	3 33	1 41
7	m.	s. Ambroise.	7 50	4 10	4 53	2 15
8	j.	Conc. de N. D.	7 51	4 9	6 11	2 57
9	v.	ste. Léocadie.	7 51	4 9	7 23	3 51
10	s.	ste. Valère, v.	7 52	4 8	8 24	4 56
11	D.	s. Damase, p.	7 52	4 8	9 13	6 6
12	l.	ste. Constance.	7 53	4 7	9 52	7 17
13	m.	ste. Luce, v.	7 53	4 7	10 22	8 26
14	m.	s. Nicaise, 4 T.	7 54	4 6	10 47	9 35
15	j.	s. Mesmin, ab.	7 54	4 6	11 9	10 41
16	v.	s.e Adelaïd 4 T.	7 54	4 6	11 29	11 46
17	s.	ste Olymp. 4 T.	7 54	4 6	11 49	Matin
18	D.	s. Gatien, év.	7 55	4 5	0 10 Soir	0 49
19	l.	s. Timothée, d.	7 55	4 5	0 31	1 52
20	m.	s. Philogone.	7 55	4 5	0 54	2 55
21	m.	s. Thomas, ap.	7 55	4 5	1 23	3 58
22	j.	s. Flavien, c.	7 55	4 5	1 59	5 1
23	v.	ste. Victoire, v.	7 55	4 5	2 41	6 0
24	s.	s. Delphin V. J.	7 55	4 5	3 31	6 53
25	D.	NOEL.	7 55	4 5	4 32	7 41
26	l.	s. Etienne, m.	7 54	4 5	5 40	8 22
27	m.	s. Jean, évang.	7 54	4 6	6 52	8 56
28	m.	ss. Innocens.	7 54	4 6	8 4	9 26
29	j.	s. Thomas de C.	7 54	4 6	9 17	9 51
30	v.	s. Sabin, év.	7 54	4 6	10 32	10 15
31	s.	ste. Mélanie.	7 53	4 7	11 49	10 41

ÉPOQUES.

Ce sont des points fixes de temps, depuis lesquels on compte les années. On emploie, comme rendez-vous commun de toutes les époques ou ères connues, une période faite de 7980 années Juliennes.

L'époque Juive en est l'an 954
L'ère des Olympiades l'an 3940
L'époque de la Fondation de Rome . . . 3961
L'ère Persane ou de Nabonassar 3967
L'ère Chrétienne l'an 4714
L'ère Mahométane ou l'Hégire 5336

A l'année 6536 de la même période répondent toutes les années actuelles, qui sont :

Pour les Juifs l'an 5585
Pour les anciens Grecs l'an 2599
Pour les anciens Romains l'an 2578
Pour les anciens Perses l'an 2572
Pour les Chrétiens l'an 1825

L'année 1240 des Turcs a commencé le 26 Août 1824, et finira le 11 Août 1825, selon l'usage de Constantinople.

ÉCLIPSES.

Il y aura cette année deux Éclipses de Lune et deux Éclipses de Soleil.

La première Eclipse de Lune, visible à Paris, aura lieu le 1 Juin.

Commencement à 0 h. 2′ 2/3 du matin. — Milieu à 0 h. 17′ 3/4 — Fin à 0 h. 33′. — Doigt éclipsé 0 d. 13′.

La première Eclipse de Soleil, invisible à Paris, aura lieu le 16 Juin.

La seconde Eclipse de Lune, en partie visible à Paris, aura lieu le 26 Novembre.

Commencement de l'Eclipse à 3 h. 34′ 1/3 du soir. — Lever de la Lune à 4 h. 14′. — Milieu à 4 h. 31′. — Fin à 5 h. 0′ 2/3. — Doigts éclipsés, 2 d. 46′.

La seconde Eclipse de Soleil, invisible à Paris, aura lieu le 9 Décembre.

HEURES de la pleine mer dans différens ports de France, les jours de la nouvelle et de la pleine Lune.

	H.	M.		H.	M.
Auray	3	45	Honfleur	9	15
Barfleur	10	30	La Rochelle	3	45
Barneville	7	0	Morlaix	5	15
Belle-Isle	3	30	Nantes	6	0
Boulogne	10	40	Olonne	3	15
Brest	3	30	Ouessant	3	45
Caen	9	0	Lorient	3	30
Calais	11	45	Pontorson	6	30
Cancale	6	0	Port-Louis	4	0
Cherbourg	7	45	Quillebœuf	10	30
Dunkerque	11	45	Rochefort	4	15
Etaples	11	0	Rouen	2	45
Dieppe	10	30	St.-Malo	6	0
Fécamp	9	45	St.-Valery	10	0
Granville	6	45	Treguier	5	30
Le Havre	9	15	Tréport	10	30
La Hougue	8	0	Vannes	3	45

TEMPS MOYEN AU MIDI VRAI,
OU ÉQUATION DE L'HORLOGE.

Année 1825. Mois.	Le 6.			Le 15.			Le 25.		
	h.	m.	s.	h.	m.	s.	h.	m.	s.
Janvier	0	6	13	0	9	48	0	12	43
Février	0	14	26	0	14	28	0	13	23
Mars	0	11	32	0	9	9	0	6	9
Avril	0	2	29	0	0	1	11	57	52
Mai	11	56	23	11	56	2	11	56	33
Juin	11	58	11	11	59	58	0	2	7
Juillet	0	4	14	0	5	30	0	6	7
Août	0	5	33	0	4	13	0	1	54
Septembre	11	53	14	11	55	9	11	51	4
Octobre	11	48	10	11	45	53	11	44	13
Novembre	11	43	48	11	44	49	11	47	13
Décembre	11	51	18	11	55	27	0	0	24

NE T'EN VA PAS.

Pourquoi ces

yeux tournés vers le ri-

va-ge, et ce sou-pir, et ce

regard dis-trait? le vent à

pâtre é-clate en-cor là-

bas, attends un peu, ma

chère É-lé-o-no-re, ne t'en va

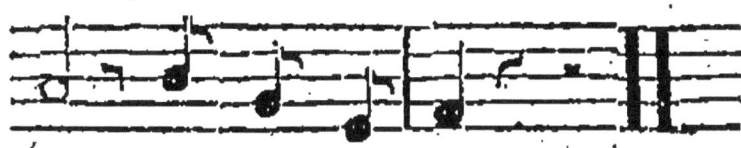

pas, ne t'en va pas.

Oui, je le sais, inquiète et sévère,
Ta mère, hélas! s'oppose à nos
    amours;
Mais ne crains rien; je veille; et
    le mystère
A ses soupçons nous dérobe tou-
    jours.

Dans le sentier qui conduit au village
Bientôt sans bruit je guiderai tes pas.
Ma barque est là : rien n'annonce l'orage,
　Ne t'en va pas.

La fleur mourante embaume la campagne ;
L'ombre incertaine a remplacé le jour.
Entends l'oiseau redire à sa compagne
L'hymne du soir et les doux chants d'amour.....
Ah ! du bonheur quand nous goûtons l'ivresse,
Pourquoi si tôt t'arracher de mes bras ?
Laisse ta main dans ma main qui la presse,
　Ne t'en va pas.

LE PETIT AIR BOUDEUR.

CHANSON.

Air: *Cet arbre apporté de Provence.*

On voit dame Grecque ou Romaine
Se fâcher avec majesté,
L'Espagnole non moins hautaine
Se plaint, soupire avec fierté.
Avec calme gémit l'Anglaise
L'Allemande a le ton grondeur ;
Mais, plus espiègle, la Française
Créa le petit air boudeur.

Marquise, Duchesse, Bourgeoise
Raffolent de cet air charmant.
Est-il mortel que n'apprivoise
Un aussi joli talisman ?
Un mari veut-il à sa femme
Fermer la bouche avec rigueur
Elle s'ouvre dès que Madame
A pris son petit air boudeur.

Croyant allarmer ma tendresse,
Hortense affecté un air d'humeur,
Moi je souris à sa tristesse
Et tout bas songe à mon bonheur,
A sa malice je rends grâces ;
Tout visage n'a pas l'honneur
D'offrir avec autant de grâce
Ce joli petit air boudeur.

Mais chaque jour d'où vient qu'Hortense
Est plus gentille, a l'air plus fin ?
La friponne s'instruit je pense
A l'école du Dieu malin.
Ne voyez-vous pas à la belle
Souris coquet, regard trompeur ?
Elle a tout pris de son modèle ;
Tout jusqu'au petit air boudeur.

TU N'ES PAS LUI.
ROMANCE.
Air à faire.

Pendant son absence cruelle,
Tu déclares tes sentimens ;

Crois-tu donc me rendre infidèle
Au plus aimable des amans ;
Tu connais bien celui que j'aime,
Et tu veux me plaire aujourd'hui,
Pour m'inspirer amour extrême
    Tu n'es pas lui.

Imite au moins son regard tendre
Et ses accens harmonieux :
Mais non, tu ne saurais surprendre,
Ici mon oreille, ni mes yeux
Son regard me rendait muette ;
Le tien redouble mon ennui :
Tu parles et je suis distraite
    Tu n'es pas lui.

Tu ne crois pas à la constance,
Absent, je lui garde ma foi ;
Qui nourrit ta folle espérance,
Mon amant est un dieu pour moi.
Si par un moyen que j'ignore
J'étais dans tes bras aujourd'hui,
Mon cœur te redirait encore :
    Tu n'es pas lui.

GLYCÈRE.

Air à faire.

« Vous paraissez triste et rêveuse;
Votre bouche est silencieuse
    Depuis deux jours.
Auriez-vous vu quelque bergère
Vous effacer, belle Glycère,
    Par ses atours?

« Votre troupeau loin du village
Aurait-il fui? Prenez courage,
    Il reviendra!
Pouvez-vous croire qu'une mère
Pour une faute aussi légère,
    Vous punira?

« Non, vous aimez, je l'imagine,
Et vous craignez qu'on ne devine
    Votre secret?
Avec Myrtil, dans le bocage,
Quelqu'un causait.... C'est vous, je gage.... »
    « Soyez discret. »

JE N'EN PARLERAI PLUS.

ROMANCE.

Air : *O Fontenay*, etc.

Vous ignorez le pouvoir de vos charmes,
Et dès qu'on rend hommage à vos vertus
Votre pudeur éprouve des alarmes ;
Vous rougissez.... je n'en parlerai plus.

Vous m'énivrez, femme aimable et céleste,
De plaisirs purs qui m'étaient inconnus.
Que ce regard est doux ! qu'il est modeste !
Vous rougissez.... je n'en parlerai plus.

Rassurez-vous : en vous j'admire encore
Les jolis traits que l'on prête à Vénus.

D'un vif éclat votre teint se colore,
Vous rougissez.... je n'en parlerai
plus.

Je fus témoin, Nelly, que l'indi-
gence
De vous jamais n'essuya de refus ;
Sur vos bienfaits quand je romps le
silence,
Vous rougissez.... je n'en parlerai
plus.

Lorsque mon cœur, plein d'une
douce ivresse,
De son amour vous offre les tributs,
Loin de répondre à ma vive tendresse,
Vous rougissez.... je n'en parlerai
plus.

Nelly doit être une épouse divine ;
Ce doux penser rend mes esprits
émus.
Heureux celui que le ciel vous des-
tine,
Vous rougissez.... je n'en parlerai
plus.

LE RÊVE D'AMOUR.

CHANSON.

Toujours présente à ma pensée,
Par-tout ton image me suit ;
Jusque dans les bras de Morphée,
Laure je te vis l'autre nuit.
Sous le riant bosquet de Flore
Je te parlais si tendrement
Que, d'abord en me reveillant,
Je croyais te parler encore.

Tu souriais, et ta figure
Semblait, dans ce rêve enchanteur,
M'offrir tout ce que la nature
A formé de plus séducteur.
Sur ta bouche qu'Hébé colore
Je cueillais la rose d'amour,
Si bien qu'à l'approche du jour
Je croyais la cueillir encore.

Mais je ne sais par qu'elle cause
Devenant tout-à-coup Zéphir
Je crus connaître en toi la rose
Que je fesais épanouir ;

Et, dans ton calice où l'aurore
Peignait la douce volupté,
Je cherchais la réalité
Que je n'ai pu trouver encore.

J'ÉTAIS BIEN JEUNE ENCORE.

CHANSONNETTE.

J'ÉTAIS bien jeune encore
Quand Lisis me dit qu'il m'aimait,
On ne craint pas ce qu'on ignore;
Pour entendre ce qu'il disait,
    J'étais bien jeune encore.

A mes pieds il implore
De l'amour les plus doux bienfaits,
Je promets un bien que j'ignore,
Pour savoir ce qu'il désirait,
    J'étais bien jeune encore.

Le feu qui le dévore,
Enfin dans mon cœur s'allumait;
Il ose tout ce que j'ignore,
Pour comprendre ce qu'il osait,
    J'étais bien jeune encore.

L'AMOUR EN SENTINELLE.

CHANSON.

Air: *Je loge au quatrième étage.*

Désertant la cour immortelle
L'amour est venu parmi nous ;
En ces lieux il fait sentinelle :
Garde à vous, humain, garde à vous !
Il a des traits pour tous les âges,
Pour les sages et pour les fous,
Il en a pour les cœurs volages
Garde à vous, belles, garde à vous.

Cux-ci font blessure bien douce
Les plaisirs naissent de leurs coups;
Mais bientôt le temps les émousse
Garde à vous, amans, garde à vous!
Ceux-là causent un mal extrême
Il les garde pour les jaloux,
On s'y blesse souvent soi-même
Garde à vous, maris, garde à vous.

Lancés d'une main assurée,
D'autres font sauter les verroux;
De ces traits la pointe est dorée.....
Garde à vous, tuteurs, garde à vous!
Mais ceux que long-temps il agite
Sont les plus à craindre de tous.
Plus on fuit, moins on les évite
Garde à vous, cœurs froids, garde
 à vous.

Mgr. LE DUC D'ANGOULÊME

EN ESPAGNE.

Air : *J'ai pour toujours à ma
 Sophie.*

Aux Espagnols il montra la vic-
 toire,
 En guerrier pacificateur,
 Et combattit moins pour sa gloire
 Que pour assurer leur bonheur;
En bénissant ce héros tutélaire,
Les Espagnols rediront à jamais;
Honneur, honneur à ceux qui font
 la guerre
 Pour aller conquérir la paix!

LA PETITE PROVENCE.

VAUDEVILLE.

Air : *Du major Palmer.*

L'HOMME riche, ou sans fortune,
Pour un sou, dès son réveil,
Sait quand se lève sa lune,
Quand se couche le soleil,
Celui qui veut se distraire
Pour un sou, sait à peu près,
La hauteur de la rivière
Et la baisse des effets ;
Pour un sou l'on peut apprendre
Quels impôts sont préposés
Quels domaines sont à vendre,
Quels bilans sont déposés.
Pour un sou de l'Amérique,
On peut aller à Hambourg,
Et pour un sou de l'Afrique
Revenir à Pétersbourg.
Bref, pour ce tarif modique,
Chaque matin, sans bouger
On parcourt dans ma boutique
Et la France et l'étranger ;

Puis prenant toutes leurs aises,
Ceux qu'assoupit le journal,
Peuvent dormir sur mes chaises,
Le remède est près du mal.

SI VOUS M'AIMEZ.

Air à faire.

Si vous m'aimez, vous que j'adore
Ne faites pas gémir mon cœur.
Vos yeux m'ont promis le bonheur;
Pourquoi le refuser encore,
   Si vous m'aimez.

Si vous m'aimez autant que j'aime,
L'Amour comblera tous nos vœux;
Lui seul sait faire des heureux;
Et j'entrevois le bien suprême,
   Si vous m'aimez.

Si vous m'aimez... Ce cruel doute
Devrait offenser votre cœur.
La constance mène au bonheur;
J'en aurai rencontré la route,
   Si vous m'aimez.

LA VOLUPTÉ.

ROMANCE.

Viens, ma Zulmé, suis-moi dans le bocage.
Le pâle éclat de l'astre de la nuit,
En vacillant, argente le nuage,
Et brille au loin sur l'onde qui s'enfuit.

Le vent du soir frémit dans la ramée ;
Quels doux parfums! quels bosquets enchanteurs!
Le ciel est pur, et la brise embaumée
Semble gémir dans les touffes de fleurs.

Charme du monde, âme de la nature,
La Volupté fait ici son séjour.
Un seul baiser.... Zulmé, je t'en conjure !
Tout en ces lieux ne respire qu'amour.

LA VIOLETTE
DE GOETHE.
ROMANCE.

Air : *Dans ces désertes campagnes.*

La violette ingénue,
Au fond d'un vallon obscur,
Déployait sur l'herbe émue
Son frais pavillon d'azur ;
De sa vapeur fugitive
Les airs étaient parfumés :
Elle reposait craintive,
Sous ses voiles embaumés.

« On m'oublie, on me délaisse,
Au fond du vallon obscur ;
Et Zéphire seul caresse
Mon frais pavillon d'azur.
En vain le jour qui s'éveille,
Enflamme les cieux ravis,
Et de sa clarté vermeille
Inonde au loin leurs parvis.

Jamais l'œil d'une bergère,
Au fond du vallon obscur,

N'épira sur la fougère
Mon frais pavillon d'azur.
Voici Lise, qu'elle est belle !
Que ne puis-je, heureuse fleur,
Briller un instant pour elle,
Et mourir près de son cœur ! »

Mais Lise, qui marche errante
Au fond du vallon obscur,
Foule sa tige mourante
Et son pavillon d'azur.
« Le déclin de la journée
Aurait flétri mes couleurs.
Plus belle, et plus fortunée,
C'est par Lise que je meurs. »

DEJA ET ENCOR.

CHANSON.

Air du vaudeville des deux Edmond.

Dorival, commis du domaine,
Avait ce matin la migraine ;
Pour obtenir l'emploi qu'il a
   On court déjà.

Cumulard, bibliothécaire,
Professeur, chef au ministère,
S'il vaque une place au trésor,
   La sollicite encor.

Orgon, vieux goutteux asthmatique,
Presqu'aveugle et paralytique,
A la Mort qui dit : Me voilà ;
   Répond : Déjà !
Dix ans après la Mort repasse ;
Ah ! s'écrie Orgon, fais moi grâce !
Pour moi la vie est un trésor ;
   J'en veux dix ans encor.

A quinze la petite Laure
Lit tous les romans, les dévore,
Et, voyant les amoureux là,
   En veut déjà.
L'antique et riche Célimène.
Qui d'amans eut une douzaine,
Les payât-elle au poids de l'or,
   En voudrait bien encor.

Paul un jour épouse Camille ;
Six mois après vient une fille ;
En se voyant si tôt papa,
   Paul dit : Déjà !

Paul de six enfans était père,
Un septième le désespère ;
A son dépit donnant l'essor,
    Comment ! ma femme ! encor !

Lorsqu'il nous faut payer le terme
D'une maison ou d'une ferme
Que monsieur Vautour augmenta,
    On dit : Déjà !
L'épicurien qui sommeille
Auprès d'une large bouteille,
En rêvant à ce doux trésor,
    Murmure : Verse encor.

A nos invincibles cohortes
Cadix soumis ouvre ses portes ;
L'univers, apprenant cela,
    a dit : Déjà !!!
Enfans gâtés de la Victoire,
Que les Français ont eu de gloire !
A leur valeur donnez l'essor,
    Ils en auront encor.

IL EST MINUIT.

ROMANCE.

Il est minuit ! prends ma main,
　fais silence ;
Ici tout dort; calme donc ta frayeur;
Vers le bosquet marchons avec
　prudence :
L'amour y veille ainsi que le bon-
heur.
　　　Il est minuit !

Il est minuit ! c'est l'heure enchan-
teresse
Où dans tes bras je me crus dans les
　cieux,
Ne tarde plus, retrouvons cette
　ivresse
Dont les transports nous égalent
　aux dieux.
　　　Il est minuit.

Il est minuit ! et l'astre d'amour
　même,
En se cachant semble nous pro-
téger;

Il nous invite à ce bonheur suprême
Qu'on ne connaît que quand on sait aimer.
    Il est minuit !

~~~~~~~~~~~~~~~~~~~~~~~~

L'ÉLOGE MÉRITÉ.

Air : *De partie carrée.*

Quelque chagrin dans vos yeux se dénote,
Confiez-moi tous vos secrets ;
Je ne suis pas votre compatriote,
Et cependant j'aime fort les Français.
En ne songeant qu'à leur humeur folâtre,
Un étranger peut souvent les blâmer.
Mais quand on les a vus combattre
    Il faut les estimer.

LES FEMMES.
CHANSON.

Air : *J'aime ce mot de gentillesse*

Deux auteurs, plein d'impertinence,
Des femmes ont dit bien du mal;
Boileau (j'en rougis pour la France),
Et son confrère Juvénal.
Malgré les traits de la satire,
Texte malin de sots discours,
Des femmes on pourra médire,
Mais on les aimera toujours.

Fausses, légères et coquettes,
Mesdames, quel joli tableau !
Mais Rousseau vous trouvait parfaites :
Je suis de l'avis de Rousseau.
En perfidie, en inconstance,
Nous ne disputons jamais rien ;
Si parfois vous prenez l'avance,
Plus souvent on vous le rend bien.

Du monde, aimables souveraines,
Que manque-t-il à vos souhaits ?
Les rois, orgueilleux de leurs chaînes,
Sont les premiers de vos sujets.
La gloire, chère aux grandes âmes,
Vous dut souvent ses plus beaux jours ;
Et nous n'aurions eu sans les dames,
Ni paladins, ni troubadours.

Siécles de la chevalerie,
Etes vous passés pour jamais ?
De la vaillance et du génie
Que j'aime à conter les hauts faits !
Au sein des tournois et des fêtes
S'élançaient de nobles rivaux :
Un coup-d'œil faisait des poëtes,
Un baiser faisait les héros.

O femmes ! votre doux empire,
Seul, par le temps est respecté.
Aux grâces d'un doux sourire
Quel homme a jamais résisté ;
La beauté parle, tout s'anime,
L'honneur le courage et les arts ;
Tout ce que l'homme a de sublime
Est fécondé par ses regards.

O femmes, charme de la vie,
Eternel objet de mes chants,
N'êtes-vous pas, malgré l'envie,
Ce que les fleurs sont dans nos champs.
A vos caprices qu'on adore
Vous devez des attraits nouveaux;
Et l'on vous aimerait encore,
Quand vous auriez tous les défauts.

LE PEUREUX.

Air : *Souvent la nuit quand je sommeille.*

J'AI peur de nous, tant que nous sommes,
J'ai peur de moi, de vous et d'eux;
J'ai peur des femmes et des hommes,
J'ai peur des diables et des dieux,
J'ai peur seul comme en compagnie,
De ma peur je ne puis guérir,
Et j'ai vraiment peur de mourir
De la peur de perdre la vie.

COUPLETS DETACHES

DE LA ST. LOUIS AU BIVOUAC.

Air : *Du verre*

Les blessures, pour un soldat,
Sont de vrais titres de noblesse ;
Aussi dans nos rangs leur éclat
S'accroît encor par la viellesse,
De ces vétérans tout meurtris,
Les titres en valent bien d'autres,
Leurs cicatrices, mes amis,
Ont trente ans de plus que les
  nôtres.

Air : *Fille à qui l'on dit un secret.*

Ah ! par de coupable excès
Ne ternissons pas la victoire :
En fesant bénir ses succès,
Le vainqueur ajoute à sa gloire.
La bravoure ne suffit pas,
Dans nos légions renommées :
Le courage fait les soldat,
La discipline les armées.

LA FLEUR.
STANCES.

Air : *Livrons-nous à la tendresse*

Fleur charmante et solitaire,
Qui fus l'orgueil du vallon,
Tes débris jonchent la terre
Dispersés par l'aquilon.

La même faux nous moissonne;
Nous cédons au même dieu;
Une feuille t'abandonne,
Un plaisir nous dit adieu.

Hier, la bergère encore,
Te voyant sur son chemin,
Disait : Fille de l'Aurore,
Tu m'embéllira demain;

Mais sur ta tige légère
Tu t'abaissas lentement;
Et l'ami de la bergère
Vint te chercher vainement !

Il s'en retourne et soupire,
Console-toi, beau pasteur !

Ton amante encore respire ;
Tu n'as perdu que la fleur....

Hélas ! et ma jeune amie
Ainsi que l'ombre a passé ;
Et le bonheur de ma vie
N'est qu'un rêve effacé !

Elle était aimable et belle ;
Son pur éclat s'est flétri ;
Et trois fois l'herbe nouvelle
Sur sa tombe a refleuri.

A ces mots, sous la ramée
Je suis ma route ; et j'entends
La voix de ma bien-aimée
Me redire : je t'attends.

LE BON PÈRE.

Air : *De Monsieur Blanchard.*

Au milieu de mes enfans,
  Heureux père,
   Tout prospère ;
Je rajeûnis de vingt ans
  Auprès de mes enfans.
Encor dans la force de l'âge,

Je les vois grandir sous mes yeux;
Leur vertu, leur tendre langage,
Suffisent pour me rendre heureux,
    Quand le tems, qui dévore,
    Éteindra mon ardeur,
    Où trouverai-je encore
    L'image du bonheur?
Au milieu de mes enfans, etc.

Si d'un royaume, j'étais maître,
Sur tous les cœurs je régnerais;
Mon plus grand bonheur serait d'être
Le père de tous mes sujets.
    Suivant ma destinée,
    On me verrait, je crois,
    Chaque jour de l'année,
    Pour défendre leurs droits:
Au milieu de mes enfans, etc.

FIN.

LILLE. — Imprimerie de Vanackere fils.